mokykla - sakola	2
kelionė - lalampahan	5
transportas - transportasi	8
miestas - kota	10
kraštovaizdis - pamandangan	14
restoranas - restoran	17
prekybos centras - supermarkét	20
gėrimai - inuman	22
maistas - dahareun	23
ūkininko ūkis - pertanian	27
namas - imah	31
svetainė - rohang tamu	33
virtuvė - dapur	35
vonios kambarys - kamar ibak	38
vaiko kambarys - kamar budak	42
drabužis - acuk	44
biuras - kantor	49
ekonomika - ékonomi	51
profesijos - pagawéan	53
įrankiai - alat	56
muzikos instrumentai - alat musik	57
zoologijos sodas - kebon binatang	59
sportas - olahraga	62
užsiėmimai - aktivitas	63
šeima - kulawarga	67
kūnas - awak	68
ligoninė - rumah sakit	72
nelaimingas atsitikimas - darurat	76
Žemė - Bumi	77
laikrodis - jam	79
savaitė - minggu	80
metai - taun	81
formos - bentuk	83
spalvos - warna-warna	84
priešingos reikšmės žodžiai - sabalikna	85
skaičiai - angka-angka	88
kalbos - basa-basa	90
kas / ką / kaip - saha / naon / kumaha	91
kur - di mana	92

Impressum
Verlag: BABADADA GmbH, Nedderfeld 112 , 22529 Hamburg
Geschäftsführer / Verlagsleitung: Harald Hof
Druck: Books on Demand GmbH, In de Tarpen 42, 22848 Norderstedt

Imprint
Publisher: BABADADA GmbH, Nedderfeld 112 , 22529 Hamburg, Germany
Managing Director / Publishing direction: Harald Hof
Print: Books on Demand GmbH, In de Tarpen 42, 22848 Norderstedt

mokykla

sakola

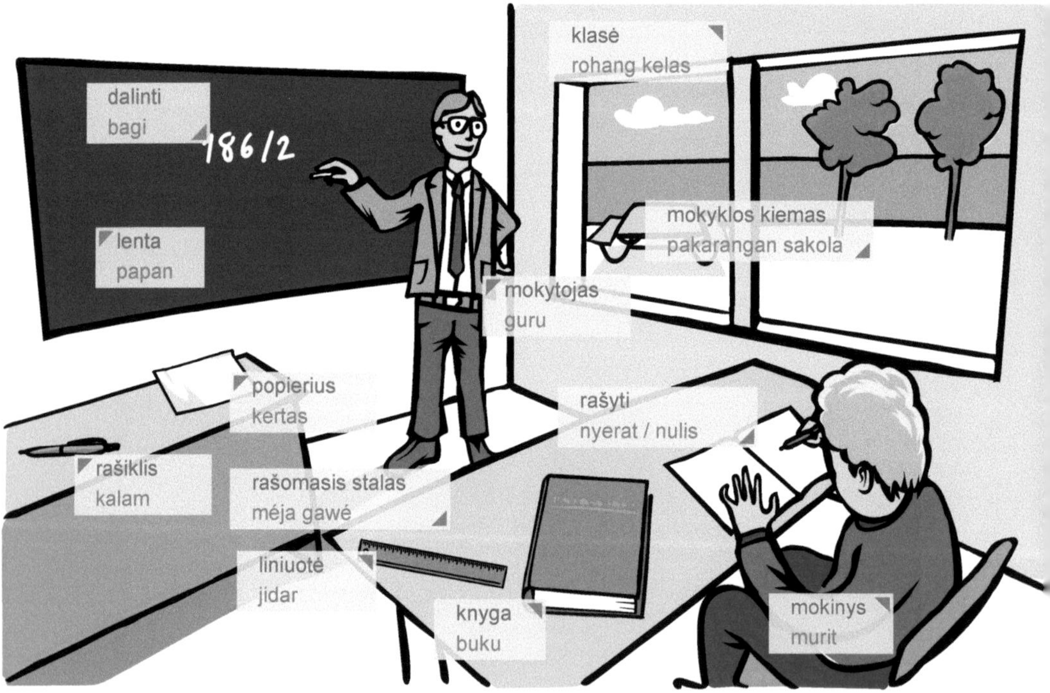

klasė
rohang kelas
dalinti
bagi
186/2
lenta
papan
mokyklos kiemas
pakarangan sakola
mokytojas
guru
popierius
kertas
rašyti
nyerat / nulis
rašiklis
kalam
rašomasis stalas
méja gawé
liniuotė
jidar
knyga
buku
mokinys
murit

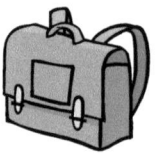

kuprinė

tas sakola

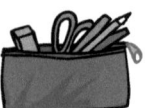

penalas

wadah potlot

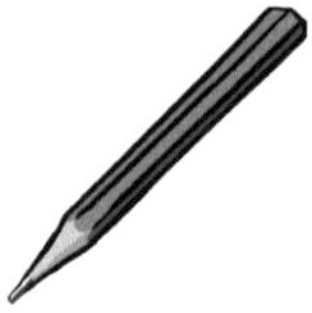

pieštukas

potlot

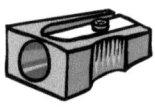

drožtukas

rautan potlot

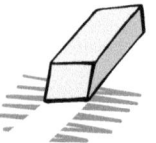

trintukas

pamupus

piešimo bloknotas

kertas gambar

piešinys	teptukas	dažų dėžutė
gambar	kuas cét	kotak cét

žirklės	klijai	vadovėlis
gunting	lém	buku latihan

namų darbai	numeris	pridėti
péér	angka	nambahkeun
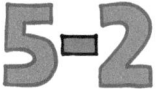		
atimti	dauginti	skaičiuoti
kurang	kali	ngitung

raidė	abėcėlė	žodis
surat	alpabét	kecap

tekstas

téks

skaityti

maca

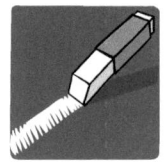

kreida

kapur

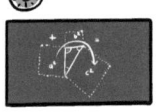

pamoka

palajaran

dienynas

daptar

egzaminas

ujian

pažymėjimas

sértipikat

mokyklinė uniforma

saragam sakola

išsilavinimas

atikan

enciklopedija

énsiklopédi

universitetas

univérsitas

mikroskopas

mikroskop

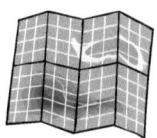

žemėlapis

peta

šiukšliadėžė

wadah runtah

kelionė
lalampahan

viešbutis
hotél
Grand
svečių namai
hostél
ROOMS
valiutos keitykla
kantor pertukaran mata uang
EXCHANGE
lagaminas
koper
mašina
mobil

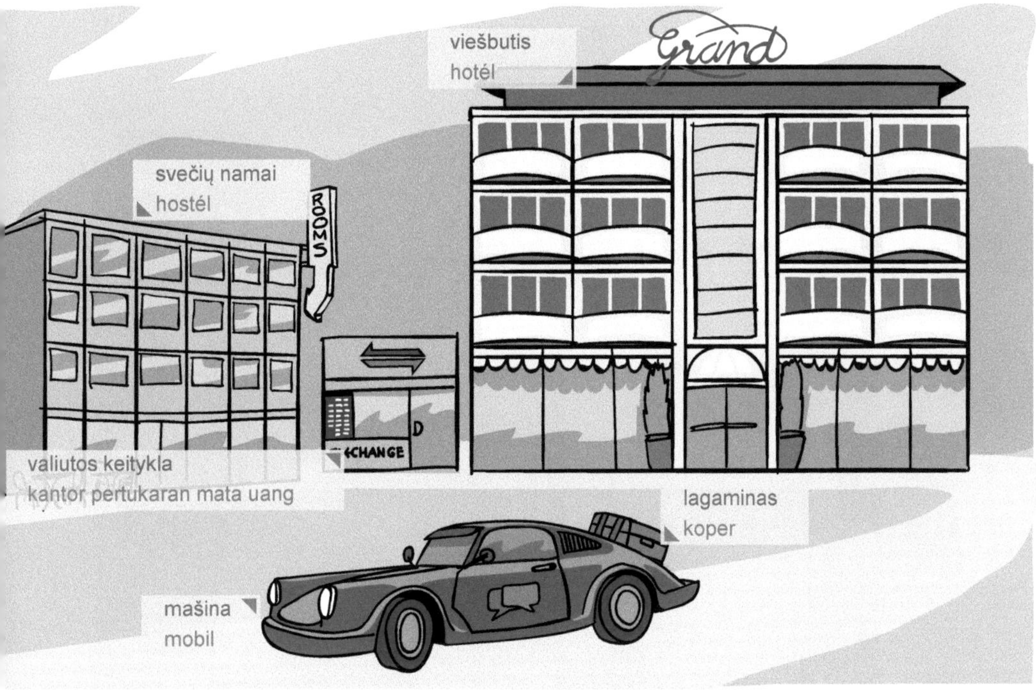

kalba
basa

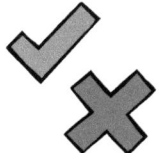

taip / ne
muhun / henteu

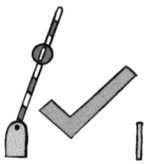

Gerai
oké

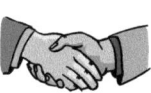

sveiki
hei

vertėjas raštu
panarjamah

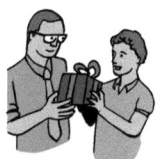

Ačiū
hatur nuhun

kiek kainuoja...?

sabaraha hargana...?

aš nesuprantu

abdi teu ngartos

problema

masalah

Labas vakaras!

Wilujeng wengi!

Labas rytas!

Wilujeng siang!

Labos nakties!

Wilujeng wengi!

viso gero

mugi patepang deui

kryptis

arah

bagažas

bagasi

krepšys

kantong

kuprinė

ransel

svečias

tamu

kambarys

rohang

miegmaišis

kantong saré

palapinė

tenda

turizmo informacija

informasi wisata

paplūdimys

pantai

kreditinė kortelė

kartu krédit

pusryčiai

sarapan

pietūs

dahar beurang

vakarienė

dahar peuting

bilietas

tikét

liftas

lift

pašto ženklas

perangko

siena

wates

muitinė

cukai

ambasada

kedutaan

viza

visa

pasas

paspor

transportas
transportasi

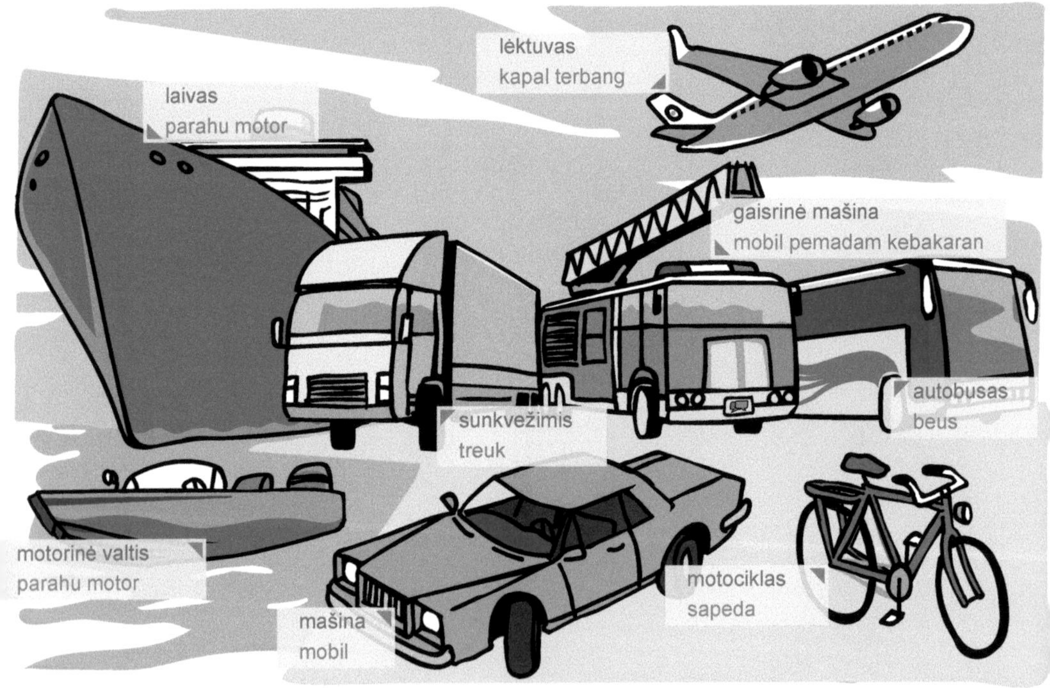
lėktuvas
kapal terbang
laivas
parahu motor
gaisrinė mašina
mobil pemadam kebakaran
autobusas
beus
sunkvežimis
treuk
motorinė valtis
parahu motor
motociklas
sapeda
mašina
mobil

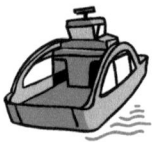

keltas

kapal féri

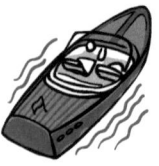

valtis

parahu

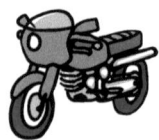

mopedas

sapeda motor

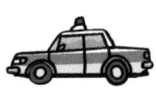

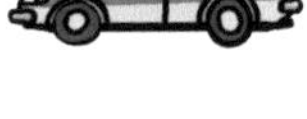

policijos automobilis

mobil pulisi

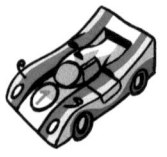

lenktyninis automobilis

mobil balap

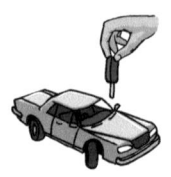

nuomojamas automobilis

mobil nyéwa

bendras automobilio
naudojimas
....
mobil babarengan

techninės pagalbos
automobilis
....
treuk dérék

šiukšliavežė
....
treuk runtah

variklis
....
motor

degalai
....
bahan bakar

degalinė
....
bénsin

kelio ženklas
....
tanda lalulintas

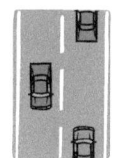

eismas
....
lalulintas

eismo spūstis
....
macét

mašinų stovėjimo aikštelė
....
parkir mobil

traukinių stotis
....
stasiun karéta

bėgiai
....
trék

traukinys
....
karéta api

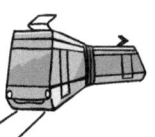

tramvajus
....
tram

vagonas
....
garobag

sraigtasparnis

hélikopter

oro uostas

bandara

bokštas

munara

keleivis

panumpang

konteineris

konténer

dėžė

karton

vežimėlis

troli

krepšys

karanjang

pakilti / nusileisti

terbang / landas

miestas

kota

kaimas

kampung

miesto centras

tengah kota

namas

imah

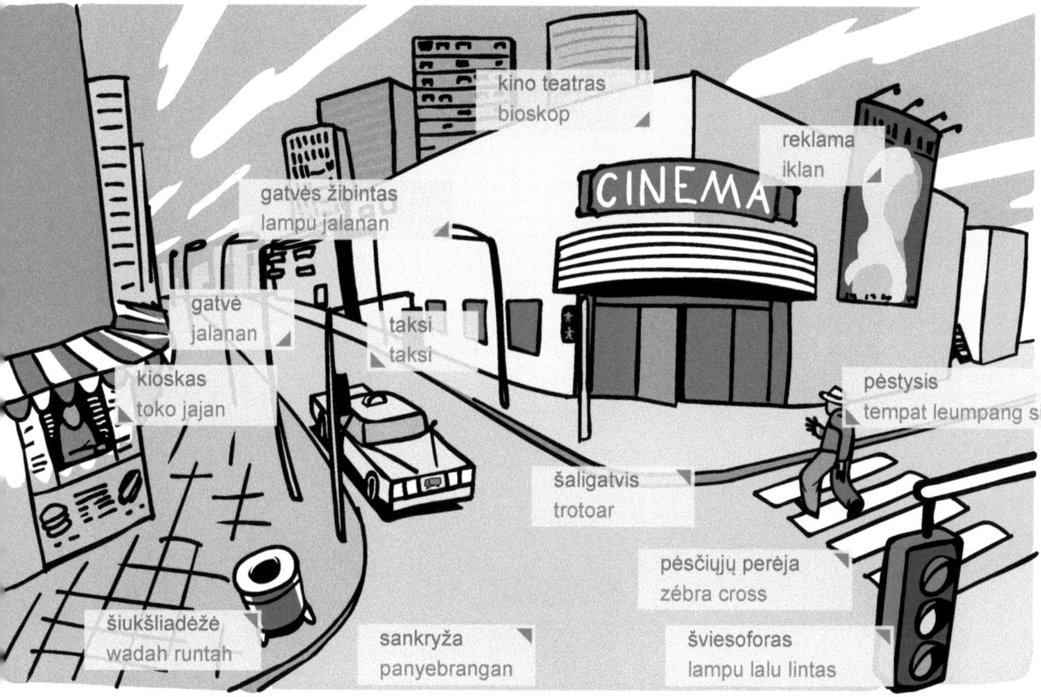

kino teatras
bioskop
reklama
iklan
CINEMA
gatvės žibintas
lampu jalanan
gatvė
jalanan
taksi
taksi
kioskas
toko jajan
pėstysis
tempat leumpang sis
šaligatvis
trotoar
pėsčiųjų perėja
zébra cross
šiukšliadėžė
wadah runtah
sankryža
panyebrangan
šviesoforas
lampu lalu lintas

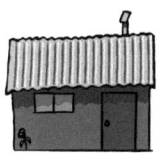

trobelė
gubuk

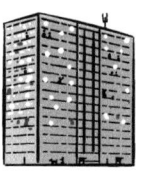

butas
imah flat

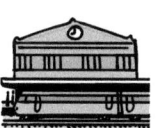

traukinių stotis
stasiun karéta

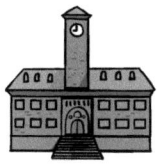

rotušė
balai kota

MUSEUM
muziejus
museum

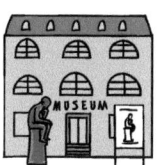

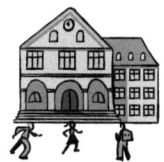

mokykla
sakola

universitetas	bankas	ligoninė
univérsitas	bank	rumah sakit

viešbutis	vaistinė	biuras
hotél	farmasi	kantor

knygynas	parduotuvė	gėlių parduotuvė
toko buku	toko	toko kembang

prekybos centras	turgus	universalinė parduotuvė
supermarkét	pasar	swalayan

žuvies parduotuvė	prekybos centras	uostas
nalayan	pusat balanja	palabuan

parkas

kebon

suoliukas

korsi

tiltas

sasak

laiptai

tangga

metro

kareta bawah tanah

tunelis

torowongan

autobusų stotelė

halte beus

baras

bar

restoranas

restoran

lauko pašto dėžutė

kotak surat

kelio ženklas

tanda jalan

parkomatas

meteran parkir

zoologijos sodas

kebon binatang

baseinas

kolam renang

mečetė

masigit

ūkininko ūkis

pertanian

tarša

polusi

kapinės

kuburan

bažnyčia

gareja

žaidimų aikštelė

tempat ulin

šventykla

pura

kraštovaizdis
pamandangan

lapas
daun

kelio rodyklė
panunjuk arah

kelias
jalanan

pieva
ladang jukut

akmuo
batu

ėjikas
tukang leumpang

medis
tangkal

upė
susukan

žolė
jukut

gėlė
kembang

slėnis
lengkob

kalva
bukit

ežeras
tasik

miškas
leuweung

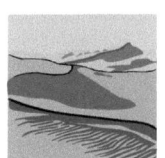

dykuma
gurun

ugnikalnis
gunung marapi

pilis
karaton

vaivorykštė
katumbiri

grybas
suung

palmė
tangkal palem

uodas
reungit

musė
laleur

skruzdėlė
sireum

bitė
nyiruan

voras
lamat lancah

vabalas

nyiruan

varlė

bangkong

voverė

bajing

ežys

landak

kiškis

kalinci

pelėda

bueuk

paukštis

manuk

gulbė

soang

šernas

bagong

elnias

kijang

briedis

kijang

užtvanka

bendungan

vėjo jėgainė

turbin angin

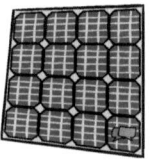

saulės baterija

panél surya

klimatas

iklim

restoranas
restoran

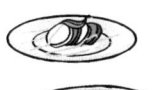

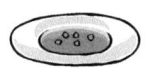

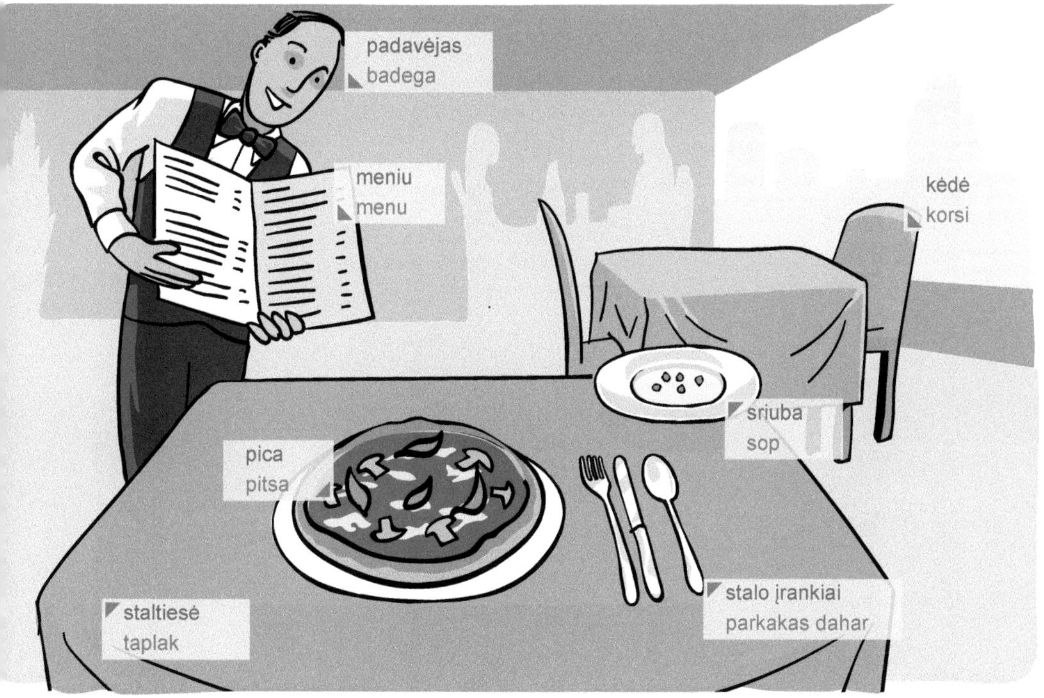
padavėjas
badega
meniu
menu
kėdė
korsi
sriuba
sop
pica
pitsa
stalo įrankiai
parkakas dahar
staltiesė
taplak

užkandis

hidangan pembuka

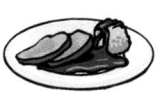

pagrindinis patiekalas

hidapan utama

desertas

hidangan penutup

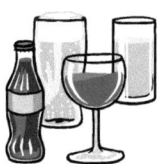

gėrimai

inuman

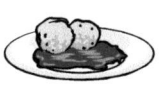

maistas

dahareun

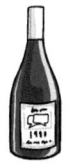

butelis

botol

greitai pateikiamas maistas

dahareun cepat saji

gatvės maistas

jajanan sisi jalan

arbatinukas

téko téh

cukrinė

wadah gula

porcija

porsi

espreso aparatas

mesin éspréso

aukšta kėdė

korsi jangkung

sąskaita

tagihan

padėklas

baki

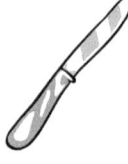

peilis

péso

šakutė

garpu

šaukštas

séndok

arbatinis šaukštelis

séndok téh

servetėlė

serbét

stiklinė

gelas

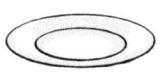

lėkštė
·················
piring

sriubos lėkštė
·················
mangkok sop

padėklas
·················
pisin

padažas
·················
saos

druskinė
·················
wadah uyah

pipirų malūnėlis
·················
panggiling pedes

actas
·················
cuka

aliejus
·················
minyak

prieskoniai
·················
bumbu

kečupas
·················
saos tomat

garstyčios
·················
mustard

majonezas
·················
mayonés

specialus pasiūlymas
tawaran husus

pirkėjas
klién

pieno produktai
produk susu

troleibusas
troli

vaisiai
buah

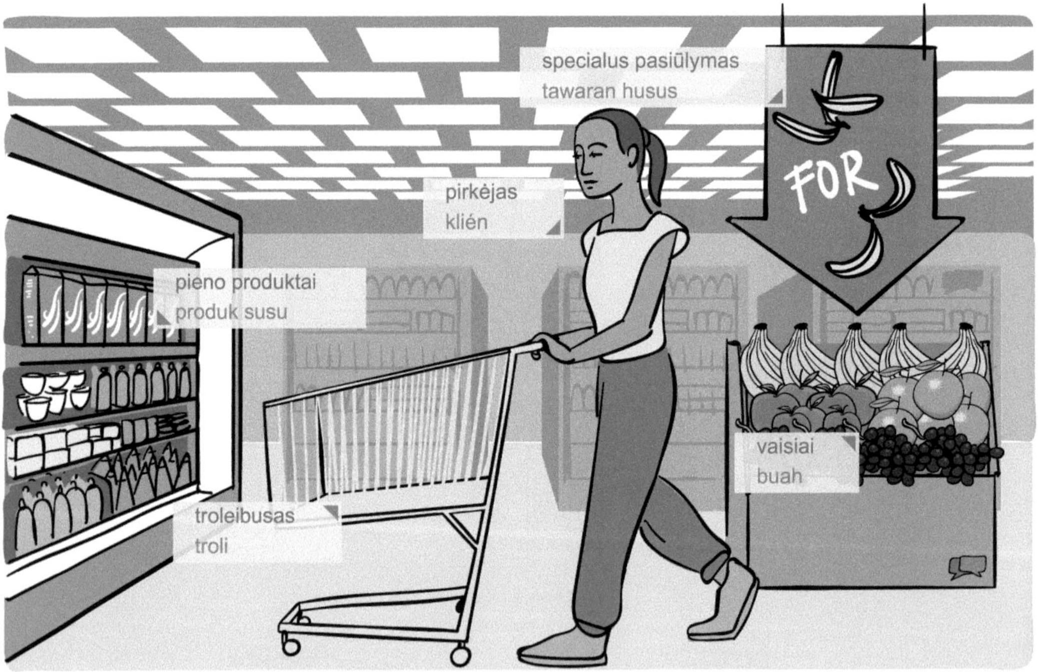

mėsos parduotuvė

tukang meuncit

kepykla

toko roti

sverti

nimbang

daržovės

sayur

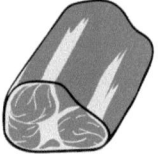

mėsa

daging

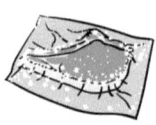

šaldytas maistas

tuangeun beku

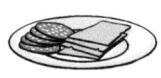

šalti mėsos užkandžiai

alat potong daging

konservai

dahareun kaléng

skalbimo milteliai

sabun serbuk

saldumynai

permén

ūkinės prekės

perkakas rumah tangga

valymo priemonės

produk pembersih

pardavėja

tukang jualan

kasos aparatas

kasa

kasininkas

kasir

pirkinių sąrašas

daftar balanja

darbo valandos

jam buka

piniginė

dompét

kreditinė kortelė

kartu krédit

maišelis

kantong

plastikinis maišelis

kantong palastik

vanduo

cai

sultys

jus

pienas

susu

kola

kola

vynas

anggur

alus

arak

alkoholis

arak

kakava

coklat

arbata

téh

kava

kopi

espresas

éspréso

kapučinas

kapucino

bananas
pisang

obuolys
apel

apelsinas
jeruk

arbūzas
samangka

citrina
lémon

morka
wortel

česnakas
bawang bodas

bambukas
awi

svogūnas
bawang bombai

grybas
suung

riešutai
suuk

makaronai
emih

spagečiai

spagéti

ryžiai

sangu

salotos

salat

traškučiai

kentang goréng

keptos bulvés

kentang goréng

pica

pitsa

mésainis

hamburger

sumuštinis

roti lapis

pjausnys

sakeureut daging

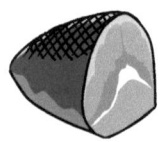

kumpis

ham

saliamis

salami

dešrelé

sosis

vištiena

hayam

kepsnys

ngagoreng

žuvis

lauk

avižų dribsniai

bubur gandum

dribsniai su priedais

séréal

kukurūzų dribsniai

cornflakes

miltai

tarigu

prancūziškasis ragelis

croissant

bandelė

roti

duona

roti

skrebutis

roti panggang

sausainiai

biskuit

sviestas

mantéga

varškė

dadih

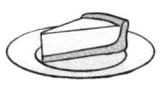

tortas

kuéh

kiaušinis

endog

kiaušinienė

goréng endog

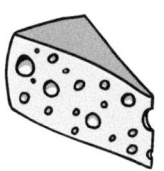

sūris

keju

ledai

eskrim

cukrus

gula

medus

madu

uogienė

selé

tepamas šokoladas

krim coklat

karis

karé

ūkininko ūkis
pertanian

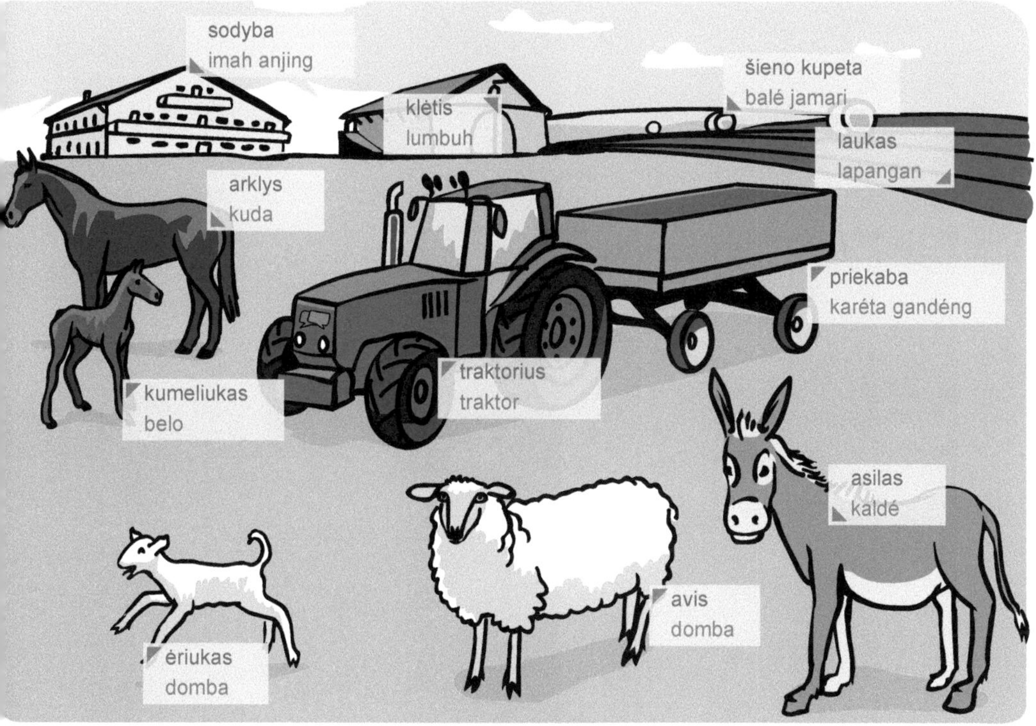
sodyba
imah anjing
klėtis
lumbuh
šieno kupeta
balé jamari
laukas
lapangan
arklys
kuda
priekaba
karéta gandéng
traktorius
traktor
kumeliukas
belo
asilas
kaldé
avis
domba
ėriukas
domba

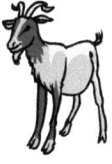

ožys
embé

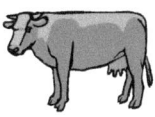

karvė
sapi

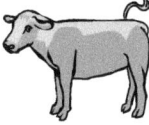

veršis
bitis

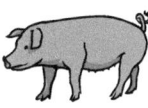

kiaulė
bagong

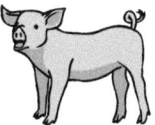

paršelis
babi

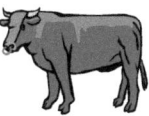

bulius
banténg

žąsis

soang

antis

éntog

viščiukas

pitik

višta

hayam

gaidys

hayam jago

žiurkė

beurit

katė

ucing

pelė

beurit

jautis

sapi

šuo

anjing

šuns būda

imah anjing

sodo namas

selang

laistytuvas

kaléng nyiram

dalgis

arit panjang

plūgas

ngabajak

pjautuvas

arit

kauptukas

pacul

šakės

garpuh jukut

kirvis

kapak

statinė

gorobah

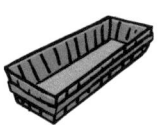

lovys

palung

bidonas

kaléng susu

maišas

karung

tvora

pager

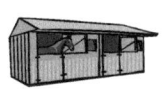

arklidė

kandang

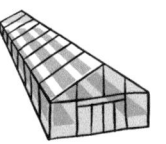

šiltnamis

imah kaca

dirva

taneuh

sėkla

benih

trąšos

pupuk

kombainas

mesin permén

rinkti
panén

derlius
panén

saldžiosios bulvės
yams

kviečiai
gandum

soja
kedelé

bulvė
kentang

kukurūzai
jagong

rapsai
lobak

vaismedis
tangkal buah

manijokas
sampeu

grūdai
séréal

namas
imah

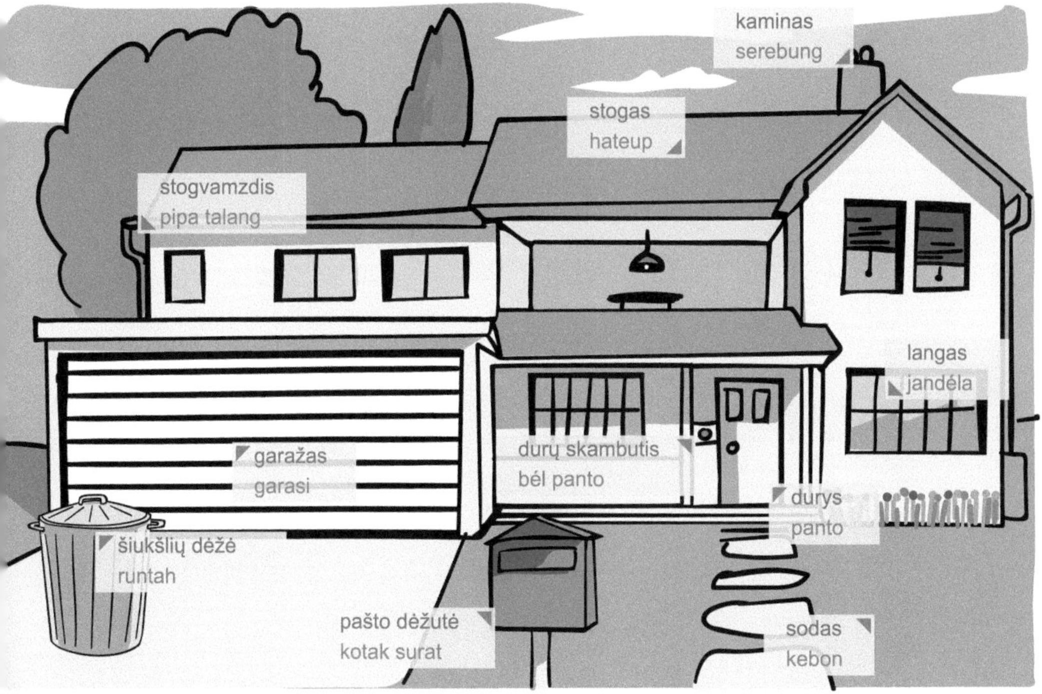
kaminas
serebung
stogas
hateup
stogvamzdis
pipa talang
langas
jandéla
garažas
garasi
durų skambutis
bél panto
durys
panto
šiukšlių dėžė
runtah
pašto dėžutė
kotak surat
sodas
kebon

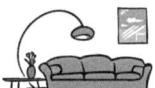

svetainė
rohang tamu

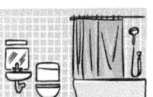

vonios kambarys
kamar ibak

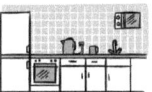

virtuvė
dapur

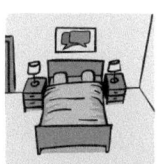

miegamasis
pangkéng

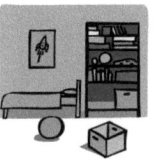

vaiko kambarys
kamar budak

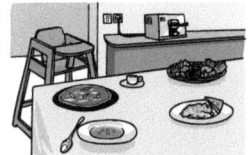

valgomasis
kamar makan

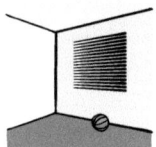

grindys

téhel

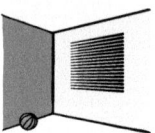

siena

tembok

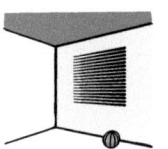

lubos

hateup

rūsys

gudang di handap imah

sauna

sauna

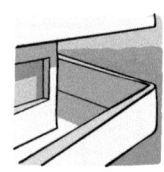

balkonas

balkon

terasa

tepas

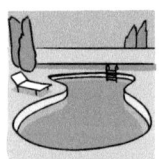

baseinas

kolam renang

žoliapjovė

mesin pamotong jukut

paklodė

sepré

lovatiesė

simbut

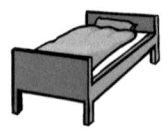

lova

ranjang

šluota

sapu

kibiras

émbér

jungiklis

tombol

svetainė
rohang tamu

tapetai
kertas tembok
nuotrauka
gambar
šviestuvas
lampu
lentyna
rak
spintelė
kabinét
televizorius
télévisi
židinys
hawu
gėlė
kembang
pagalvėlė
bantal
sofa
sofa
vaza
vas
nuotolinio valdymo pultelis
kadali jauh

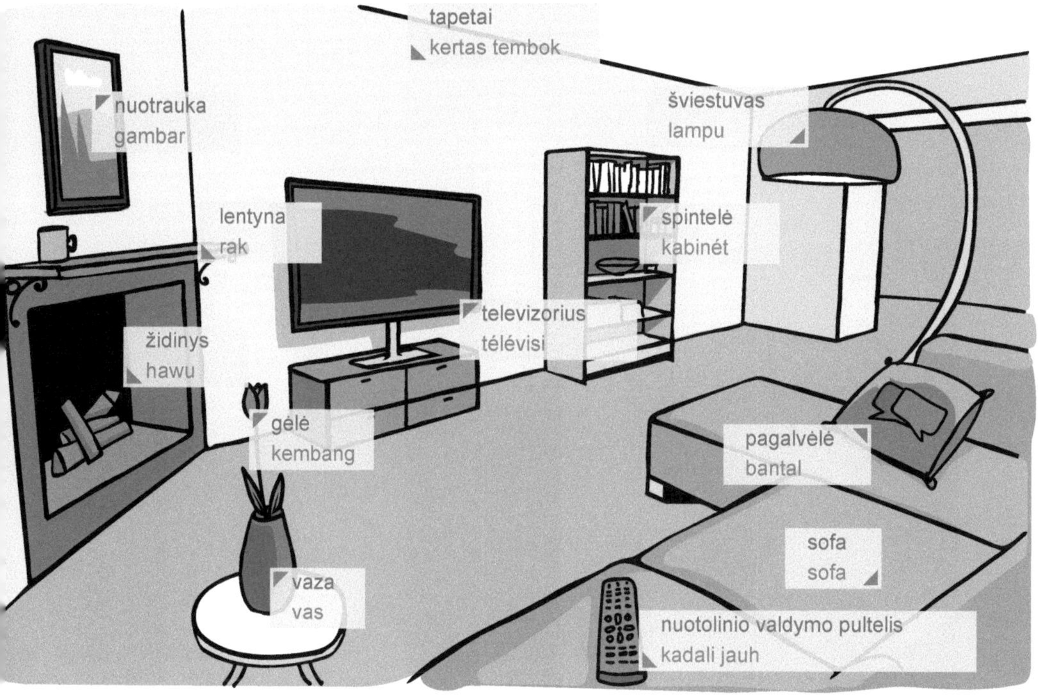

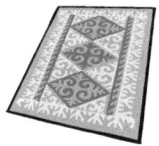

kilimas

karpét

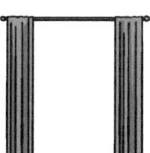

užuolaida

hordéng

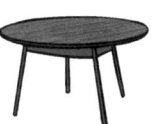

stalas

meja

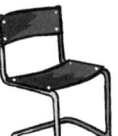

kėdė

korsi

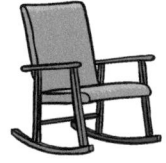

supamasis krėslas

korsi goyang

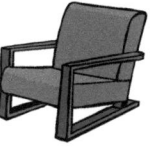

fotelis

korsi malas

knyga

buku

antklodė

simbut

papuošimai

dékorasi

malkos

suluh

filmas

pilem

stereo aparatūra

hi-fi

raktas

konci

laikraštis

surat kabar

paveikslas

lukisan

plakatas

poster

radijas

radio

užrašų knygelė

buku tulis

dulkių siurblys

panyedot kebul

kaktusas

kaktus

žvakė

lilin

virtuvė
dapur

šaldytuvas
kulkas
mikrobangų krosnelė
mesin pamanggang
virtuvinės svarstyklės
timbangan
skrudintuvas
panggangan roti
ploviklis
sabun seuseuh
orkaitė
open
šaldymo kamera
lomari es
šiukšlių dėžė
runtah
indaplovė
mesin kukumbah wadah

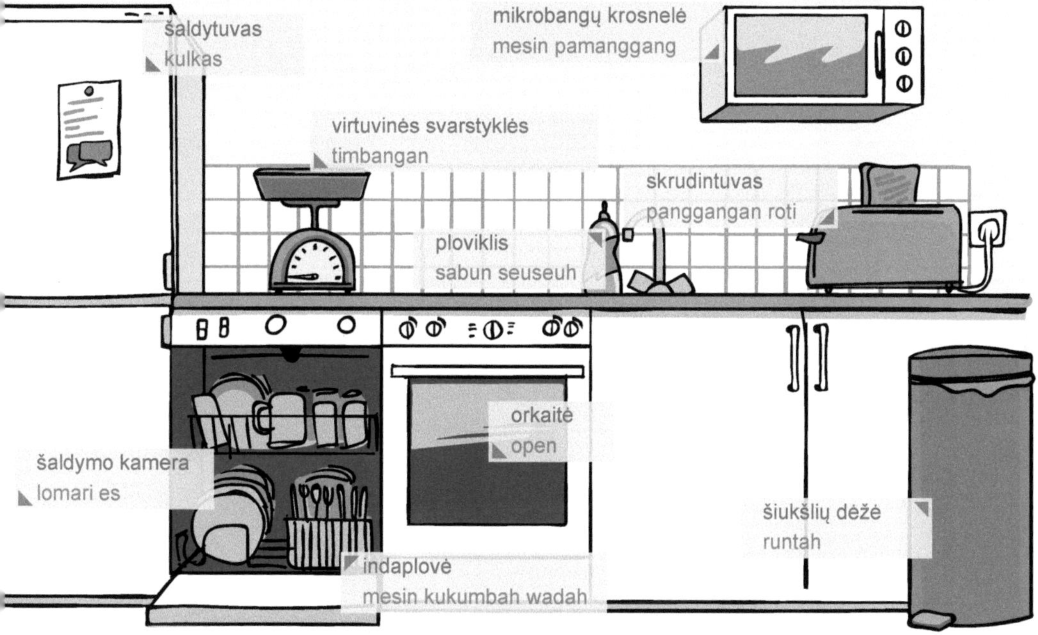

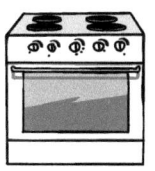

viryklė

kompor

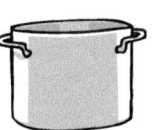

puodas

panci

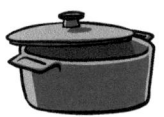

ketaus puodas

panci beusi

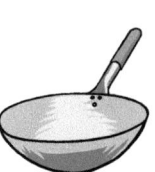

„wok“ keptuvė

katél

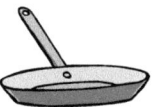

keptuvė

panci

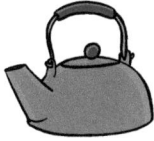

virdulys

citél

garų puodas

langseng

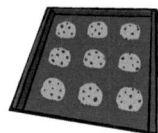

kepimo skarda

baki

porceliano indai

piring

puodelis

cangkir

dubuo

mangkok

valgomosios lazdelės

sumpit

samtis

sendok sop

mentelė

sérok

plaktuvas

pangocok

koštuvas

ayakan

sietas

saringan

trintuvė

parutan

grūstuvė

mortar

kepsninė

daging bakar

atvira liepsna

suluh

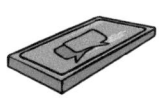

pjaustymo lentelė

papan pamotong

kočėlas

gilingan

kamščiatraukis

alat pambuka tutup botol

skardinė

kaléng

skardinių atidarytuvas

pambuka kaléng

puodkėlė

gagang panci

kriauklė

tilelep

šepetys

sikat

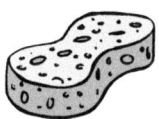

kempinė

busa

trintuvas

blénder

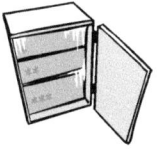

šaldiklis

lomari es

kūdikių buteliukas

botol orok

čiaupas

keran

vonios kambarys
kamar ibak

šildymas
mesin pamanas
dušas
ibak
rankšluostis
anduk
dušo užuolaidos
hordeng kamar ibak
vonios putos
mandi busa
vonia
bak mandi
stiklinė
gelas
skalbimo mašina
mesin cuci
čiaupas
keran
plytelės
téhel
naktinis puodukas
pispot
kriauklė
tilelep

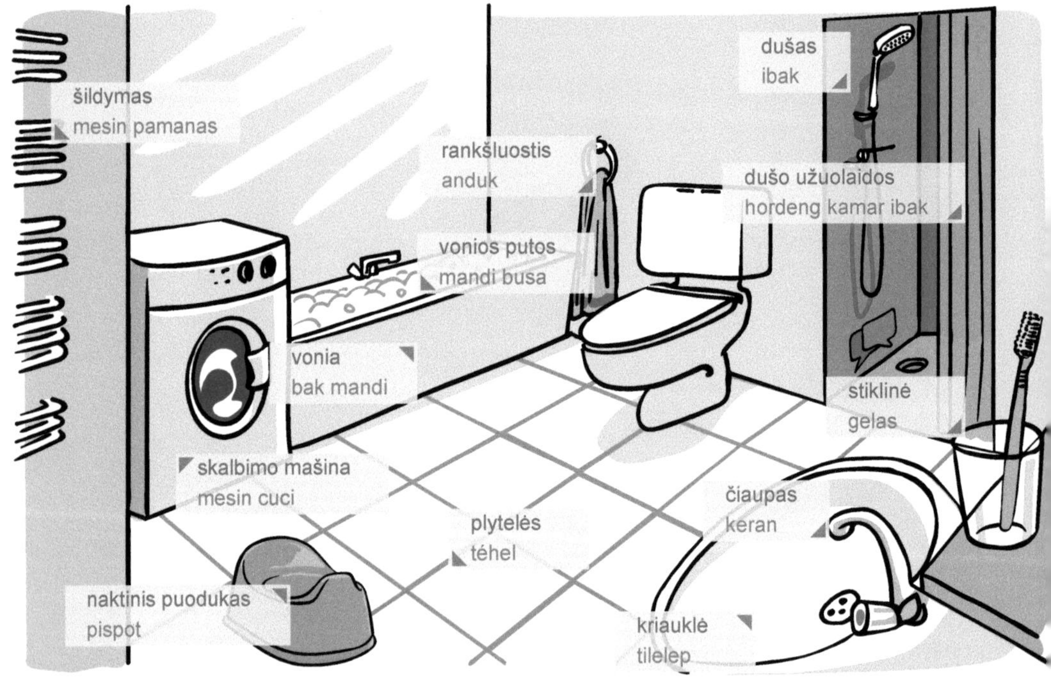

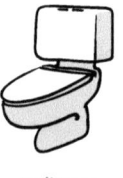

unitazas
jamban

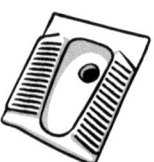

tupimasis unitazas
cubluk

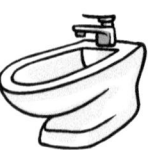

bidė
bidét

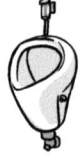

pisuaras
urinal

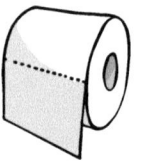

tualetinis popierius
kertas jamban

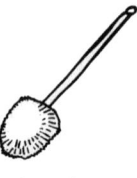

unitazo šepetys
sikat jamban

dantų šepetėlis

sikat huntu

dantų pasta

odol

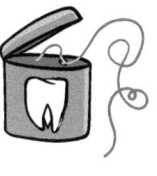

dantų siūlas

benang gigi

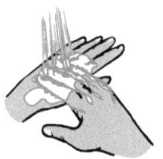

plauti

nyeuseuh

dušo galvutė

kokocoran leungeun

higieninis dušas

kukucuran

praustuvas

bak

nugaros plaušinė

panyikat tonggong

muilas

sabun

dušo želė

gel ibak

šampūnas

sampo

plaušinė

planél

kanalizacija

nguras

kremas

krim

dezodorantas

déodoran

veidrodis

eunteung

veidrodėlis

eunteung leungeun

skustuvas

péso cukur

skutimosi putos

busa cukur

losjonas po skutimosi

krim cukur

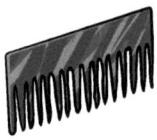

šukos

sisir

šepetys

sikat

plaukų džiovintuvas

alat panggaring rambut

plaukų lakas

semprotan rambut

makiažas

pangrias beungeut

lūpdažis

lipstik

nagų lakas

cét kuku

vata

kapas

žirklutės nagams

gunting kuku

kvepalai

minyak seungit

maišelis skalbiniams

kantong seuseuh

taburetė

bangku

svarstyklės

timbangan

chalatas

baju mandi

guminės pirštinės

sarung tangan karét

tamponas

sampon

higieninis įklotas

handuk pembalut

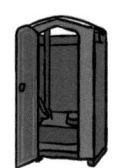

biotualetas

jamban kimia

vaiko kambarys
kamar budak

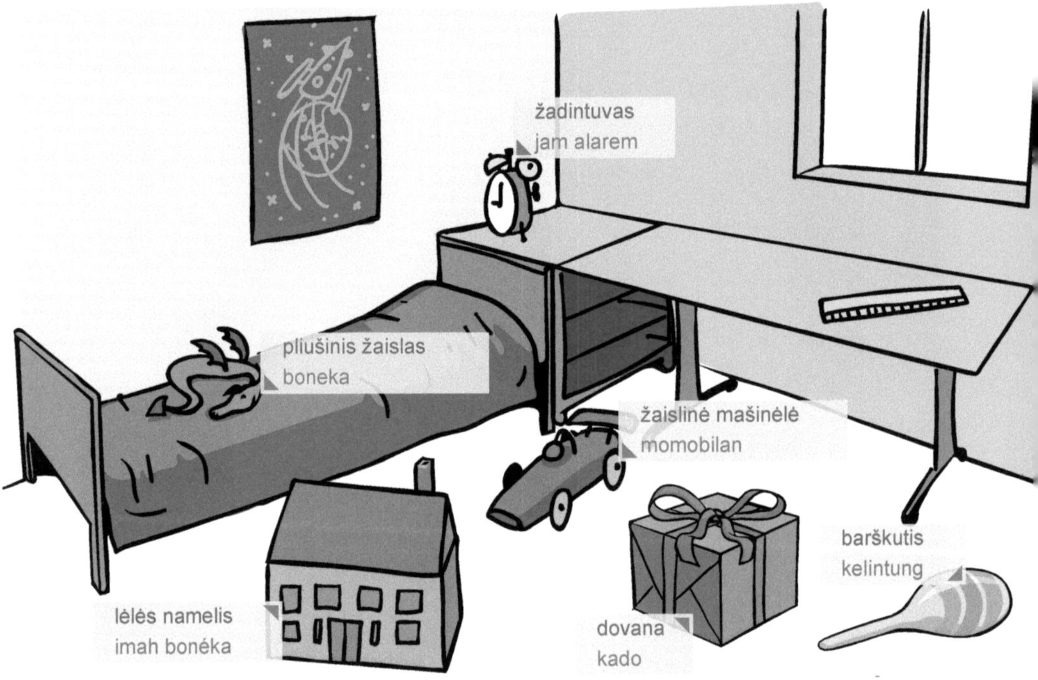
žadintuvas
jam alarem
pliušinis žaislas
boneka
žaislinė mašinėlė
momobilan
barškutis
kelintung
lėlės namelis
imah bonéka
dovana
kado

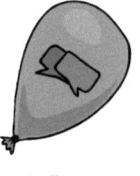

balionas

balon

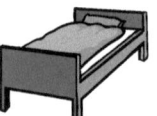

lova

ranjang

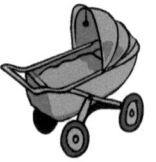

vaikiškas vežimėlis

karéta orok

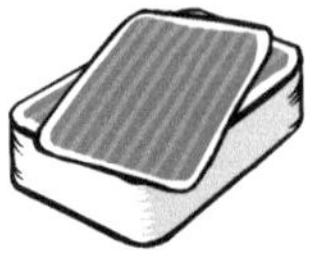

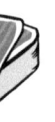

kortų malka

kartu

delionė

tatarucingan

SUPER
MEGA

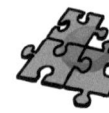

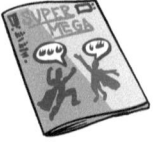

komiksai

komik

lego kaladėlės

kaulinan lego

žaislinės kaladėlės

kaulinan bentuk blok

figūrėlė

figur tokoh

šliaužtinukai

baju budak

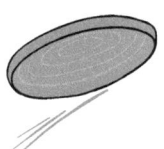

mėtymo lėkštė

frisbee

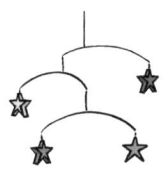

karuselė

mobile

stalo žaidimas

papan gim

kauliukai

dadu

žaislinis traukinys

set model kareta api

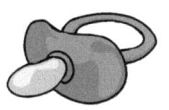

žindukas

endot

vakarėlis

pihak

paveiksliukų knygelė

buku gambar

kamuolys

bal

lėlė

bonéka

žaisti

ulin

smėlio dėžė

wadah pasir maénan

sūpynės

ayunan

žaislai

kaulinan

žaidimų konsolė

video gim konsol

triratukas

sapedah roda tilu

meškiukas

bonéka beruang

drabužių spinta

lomari baju

drabužis

acuk

kojinės

kaos kaki

kojinės virš kelių

kaos kaki

pėdkelnės

baju ketat

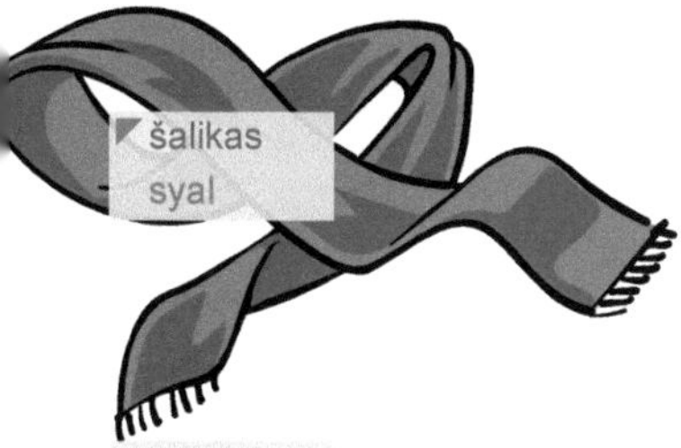

šalikas
syal

diržas
beubeur

skėtis
payung

marškinėliai
kaos

ilgaauliai batai
sapatu bot

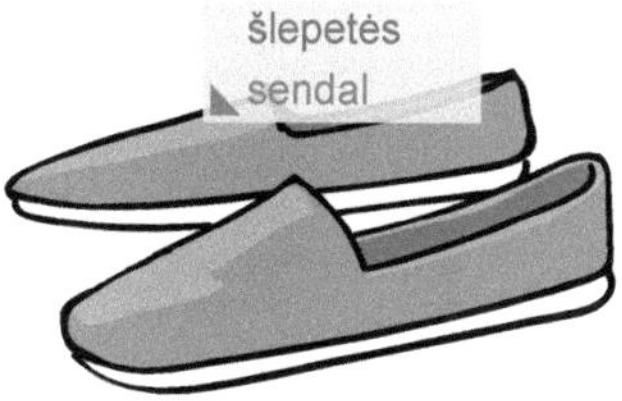

šlepetės
sendal

sportbačiai
sapatu

sandalai

sendal

batai

sapatu

guminiai batai

sapatu bot karét

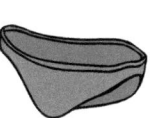

trumpikės

cangcut

liemenėlė

kutang

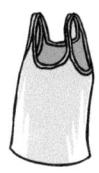

liemenė

baju rompi

glaustinukė

awak

kelnės

calana

džinsai

jins

sijonas

rok

palaidinė

blus

marškiniai

kaméja

megztinis

jakét tiung

megztinis su gobtuvu

baju haneut

švarkelis

jakét

švarkas

jakét

paltas

jakét

lietpaltis

jas hujan

kostiumas

kostum

suknelė

gaun

vestuvinė suknelė

gaun pangantén

kostiumas

baju resmi

naktiniai marškiniai

baju saré

pižama

piyama

saris

sari

skarelė

tiung

tiurbanas

turban

burka

burka

kaftanas

kaftan

abaja

abaya

maudymosi kostiumėlis

baju renang

glaudės

calana renang

šortai

calana péndék

sportinis kostiumas

orang raga

prijuostė

celemék

pirštinės

sarung tangan

saga

kancing

akiniai

kaca soca

apyrankė

gelang

vėrinys

kongkorong

žiedas

ali

auskaras

giwang

kepurė

topi

pakabas

gantungan jakét

skrybėlė

topi

kaklaraištis

dasi

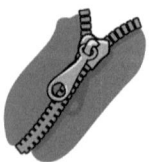

užtrauktukas

risléting

šalmas

hélem

breketai

tali salémpang

mokyklinė uniforma

saragam sakola

uniforma

saragam

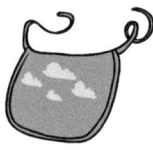

seilinukas

apron orok

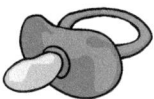

žindukas

endot

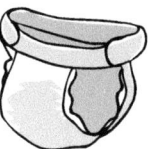

vystyklai

popok

biuras

kantor

serveris
server
dokumentų spinta
lomari arsip
spausdintuvas
panyetak
popierius
kertas
vaizduoklis
layar
pelė
mouse komputer
rašomasis stalas
méja gawé
aplankas
tempat pangarṣipan
klaviatūra
papan tombol
šiukšliadėžė
wadah runtah
kompiuteris
komputer
kėdė
korsi

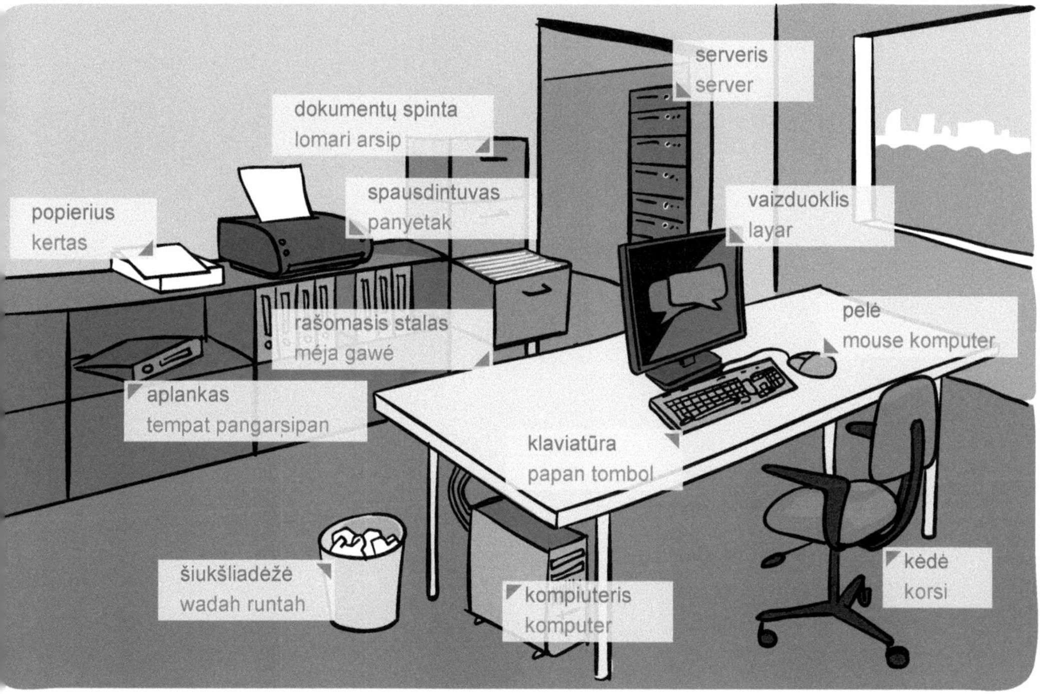

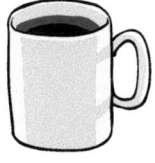

kavos puodelis

cangkir kopi

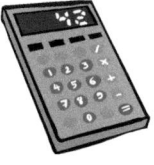

kalkuliatorius

kalkulator

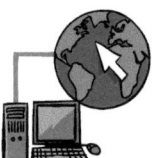

internetas

internét

nešiojamasis kompiuteris

laptop

laiškas

surat

žinutė

pesen

mobilusis telefonas

telpon sélulér

tinklas

jaringan

fotokopijavimo aparatas

fotokopi

programinė įranga

software

telefonas

telpon

kištukinis lizdas

plug sokét

faksas

mesin fax

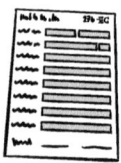

forma

formulir

dokumentas

dokumén

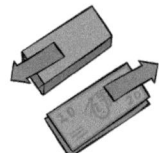

pirkti

mésér

mokėti

mayar

prekiauti

dagang

pinigai

artos

doleris

dollar

euras

euro

jena

yen

rublis

rubel

Šveicarijos frankas

Franc swiss

juanis

renminbi yuan

rupija

rupiah

bankomatas

ATM

valiutos keitykla

kantor pertukaran mata uang

auksas

emas

sidabras

pérak

nafta

minyak

energija

énérgi

kaina

harga

sutartis

kontrak

mokestis

pajak

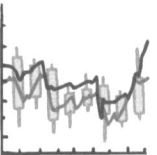

akcijos

saham

dirbti

gawé

darbuotojas

karyawan

darbdavys

dunungan

gamykla

pabril

parduotuvė

toko

profesijos
pagawéan

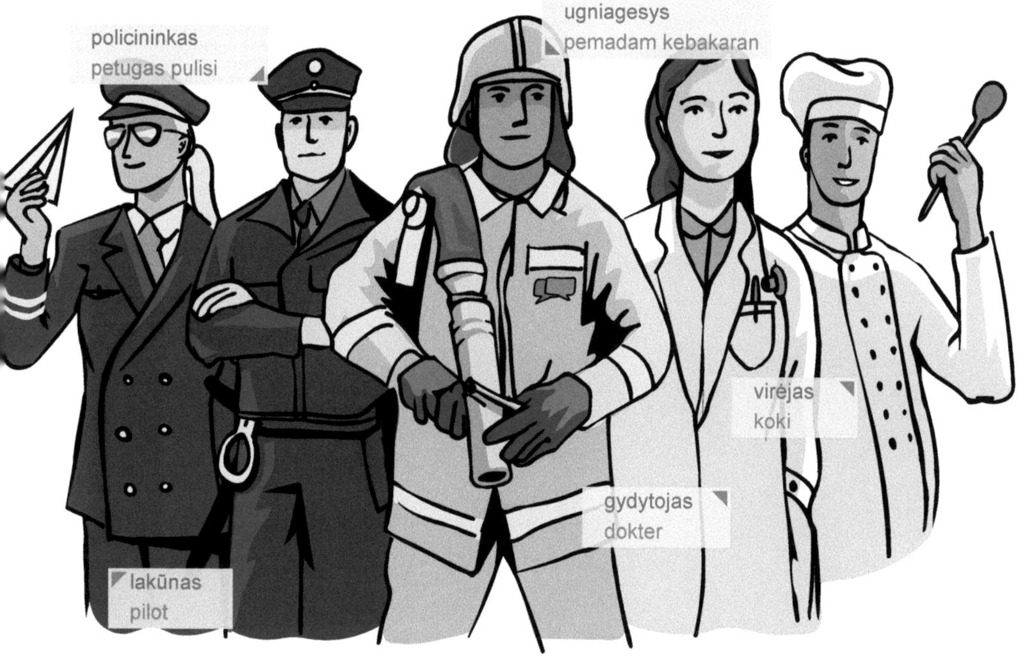
policininkas
petugas pulisi
ugniagesys
pemadam kebakaran
virėjas
koki
gydytojas
dokter
lakūnas
pilot

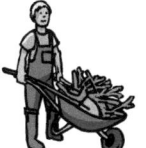

sodininkas

tukan kebon

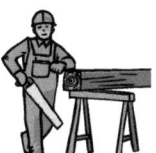

stalius

tukang kai

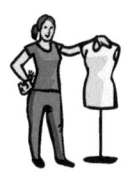

siuvėja

tukang jait awéwé

teisėjas

hakim

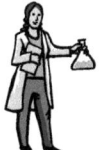

chemikas

ahli kimia

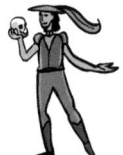

aktorius

aktor

autobuso vairuotojas

sopir beus

taksi vairuotojas

sopir taksi

žvejys

nalayan

valytoja

pembantu

stogdengys

tukang hateup

padavėjas

badega

medžiotojas

tukang muru

dailininkas

pelukis

kepėjas

tukang roti

elektrikas

tukang listrik

statybininkas

tukang bangun

inžinierius

insinyur

mėsininkas

tukang daging

santechnikas

tukang pipa

paštininkas

tukang pos

kareivis

tentara

architektas

arsiték

kasininkas

kasir

gėlininkas

tukang kembang

kirpėjas

tukang salon

konduktorius

konduktor

mechanikas

tukang méngkél

kapitonas

kaptén

odontologas

dokter gigi

mokslininkas

ilmuwan

rabinas

rabbi

imamas

imam

vienuolis

biarawan

kunigas

pendéta

įrankiai

alat

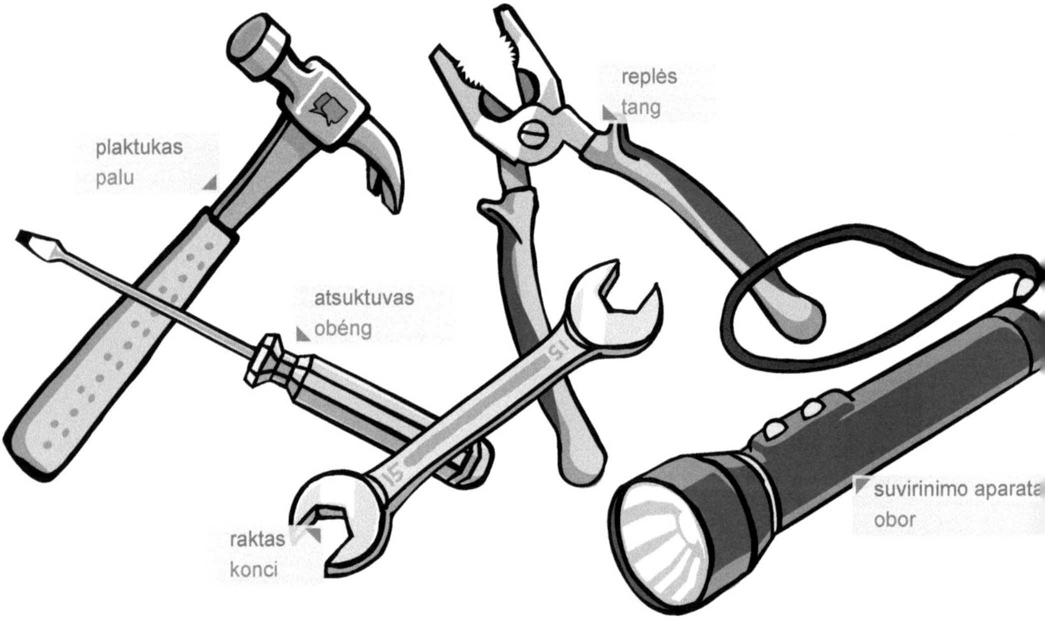

plaktukas
palu
replės
tang
atsuktuvas
obéng
raktas
konci
suvirinimo aparata
obor

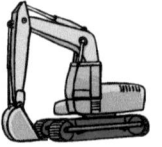

ekskavatorius

panggali

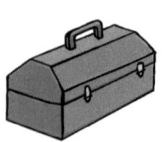

įrankių dėžė

kantong parkakas

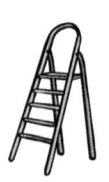

kopėčios

tangga

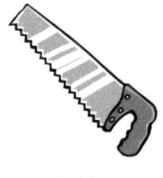

pjūklas

ragaji

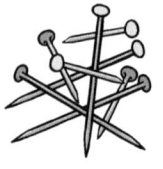

vinys

paku

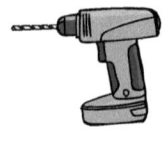

grąžtas

bor

taisyti
ngabenerkeun

kastuvas
sekop

Velniava!
Kéhéd!

semtuvėlis
pengki

dažų skardinė
pot cét

varžtai
sekrup bor

muzikos instrumentai
alat musik

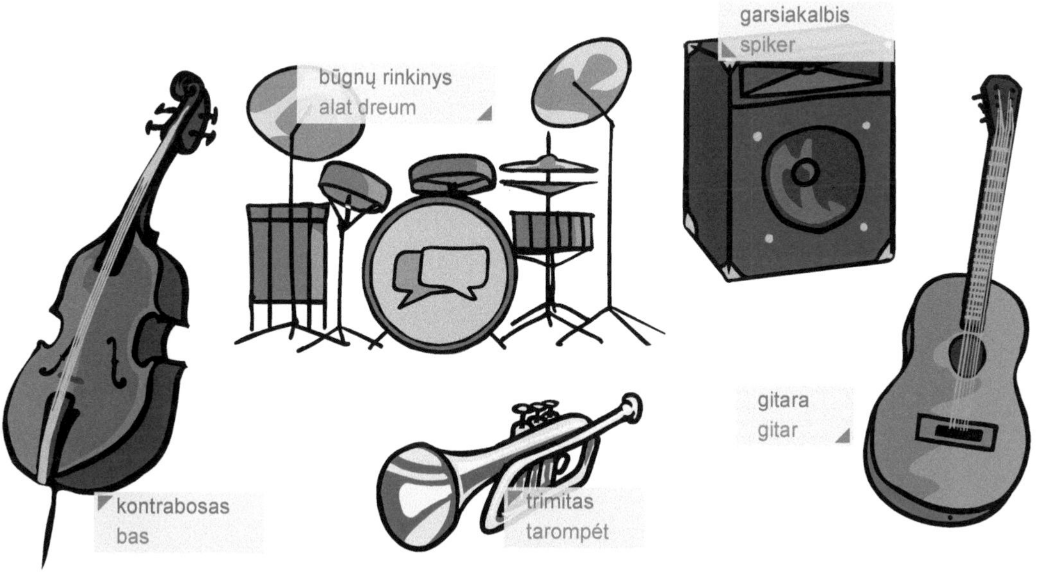

garsiakalbis
spíker

būgnų rinkinys
alat dreum

gitara
gitar

kontrabosas
bas

trimitas
tarompét

pianinas

piano

smuikas

violin

bosinė gitara

bas

timpanas

tambur

būgnai

dreum

sintezatorius

keyboard

saksofonas

saksofon

fleita

suling

mikrofonas

mikrofon

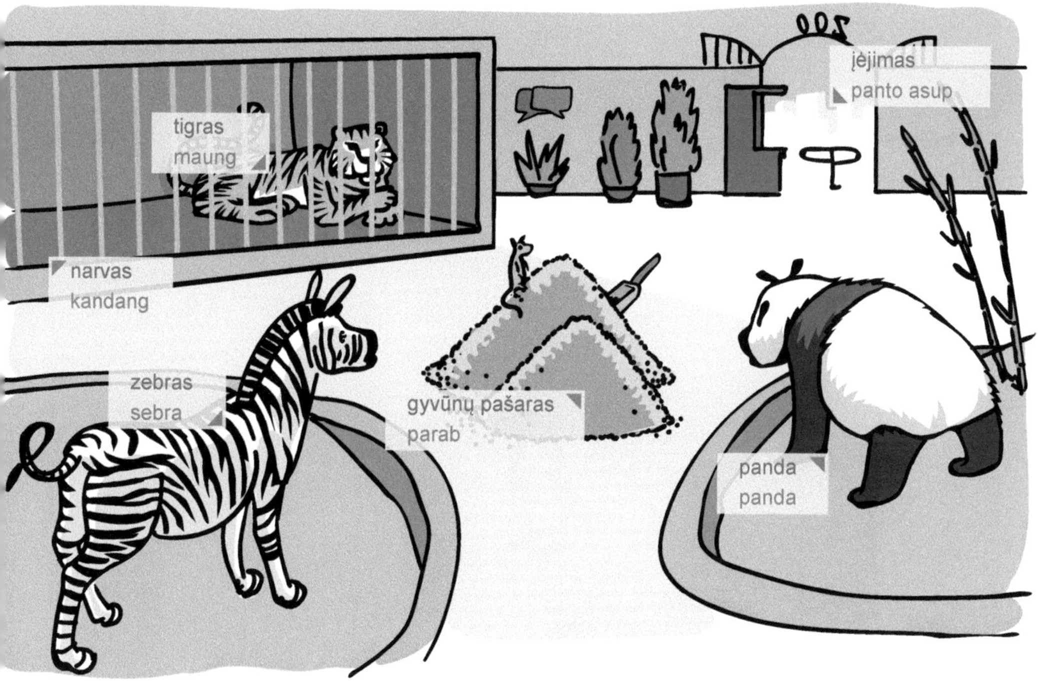

jėjimas
panto asup

tigras
maung

narvas
kandang

zebras
sebra

gyvūnų pašaras
parab

panda
panda

gyvūnai

sato

dramblys

gajah

kengūra

kanguru

raganosis

badak

gorila

gorila

meška

biruang

kupranugaris

onta

strutis

manuk onta

liūtas

singa

beždžionė

monyét

flamingas

flamingo

papūga

manuk béo

baltoji meška

biruang polar

pingvinas

penguin

ryklys

hiu

povas

merak

gyvatė

oray

krokodilas

buaya

zoologijos sodo prižiūrėtojas

tukang jaga kebon binatang

ruonis

anjing laut

jaguaras

jaguar

ponis

kuda poni

leopardas

macan tutul

begemotas

kuda nil

žirafa

jerapah

erelis

heulang

šernas

bagong

žuvis

lauk

vėžlys

kuya

vėplys

anjing laut

lapė

robah

gazelė

kijang

amerikietiškas futbolas
sepak bola América

dviračių sportas
sasapédahan

tenisas
ténis

krepšinis
baskét

plaukimas
renang

boksas
tinju

ledo ritulys
hoki és

futbolas
sépak bola

badmintonas
badminton

atletika
atletik

rankinis
bola tangan

slidinėjimas
ski

polas
polo

juoktis
seuri

šokinėti
ngaganjleng

apkabinti
nangkeup

vaikščioti
leumpang

dainuoti
nyanyi

svajoti
ngimpén

melstis
ngadoa

bučiuoti
nyium

rašyti
nyerat / nulis

piešti
ngalukis

rodyti
ningalikeun

stumti
ngadorong

duoti
méré

imti
mawa

turėti

boga

daryti

ngalakukeun

būti

nya éta

stovėti

tatih

bėgti

lumpat

traukti

narik

mesti

malédog

kristi

ragrag

meluoti

saré

laukti

nungguan

nešti

nyandak

sėdėti

diuk

rengtis

anggé acuk

miegoti

saré

pabusti

hudang

žiūrėti

ningali

verkti

méwék

glostyti

ngusapan

šukuoti

nyisir

kalbėti

nyarita

suprasti

ngarti

paklausti

naros

klausytis

ngadéngé

gerti

nginum

valgyti

dahar

tvarkytis

bébérés

mylėti

bogoh

gaminti

masak

vairuoti

nyetir

skristi

hiber

buriuoti

balayar

skaičiuoti

ngitung

skaityti

maca

mokytis

diajar

dirbti

gawé

vesti

kawin

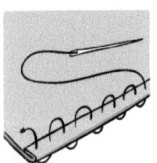

siūti

ngajait

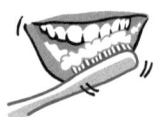

valytis dantis

sikat huntu

žudyti

maéhan

rūkyti

ngarokok

siųsti

ngirim

senelė
nini

senelis
aki

tėvas
bapak

motina
emak

kūdikis
orok

dukra
budak awéwé

sūnus
budak lalaki

svečias
tamu

teta
bibi

dėdė
emang

brolis
aa

sesuo
tétéh

kūnas

awak

kakta
taar
akis
panon
petys
taktak
pirštas
ramo
veidas
beungeut
smakras
gado
plaštaka
leungeun
koja
suku
krūtinė
dada
ranka
leungeun

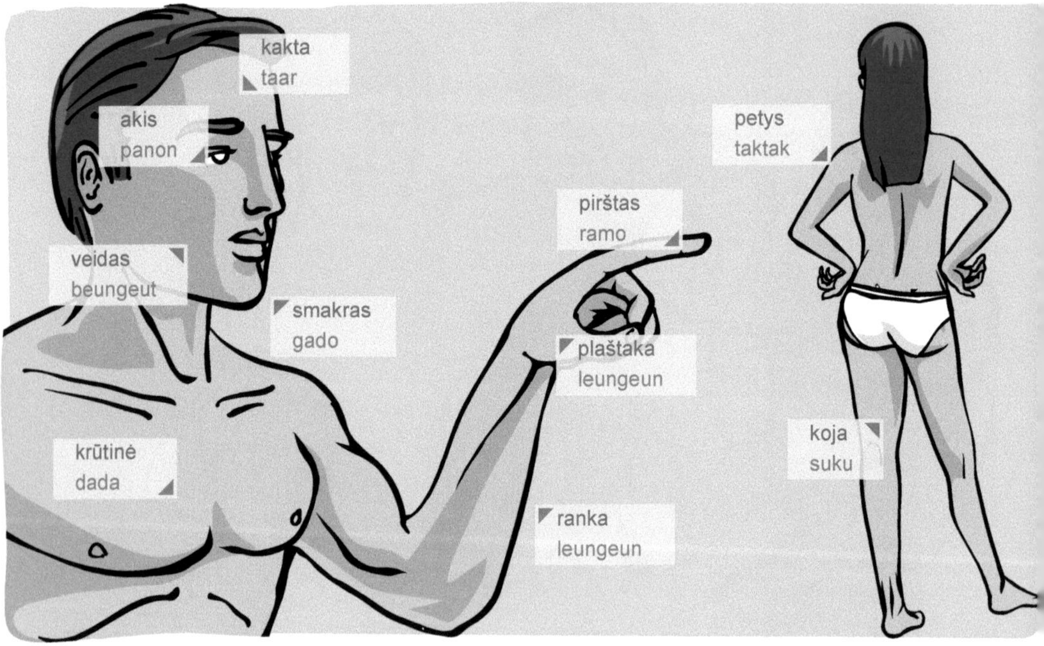

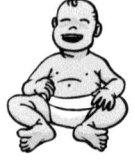

kūdikis

orok

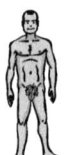

vyras

lalaki

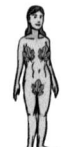

moteris

awéwé

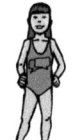

mergaitė

awéwé

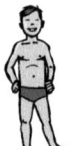

berniukas

lalaki

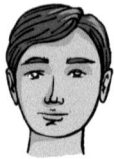

galva

sirah

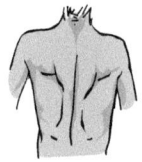

nugara

tonggong

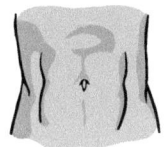

pilvas

beuteung

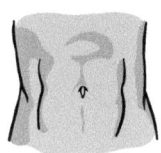

bamba

bujal

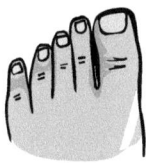

kojos pirštas

jempol

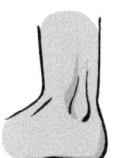

kulnas

keuneung

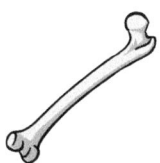

kaulas

tulang

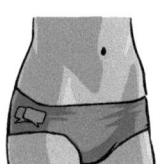

klubas

cangkéng

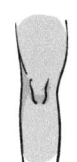

kelis

tuur

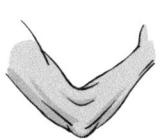

alkūnė

sikut

nosis

irung

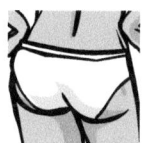

sėdmenys

bujur

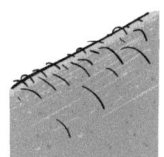

oda

kulit

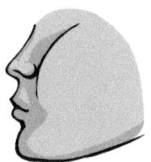

skruostas

pipi

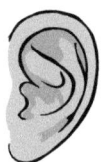

ausis

ceuli

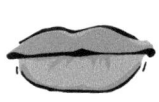

lūpa

biwir

burna

baham

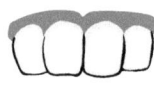

dantis

huntu

liežuvis

létah

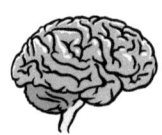

smegenys

uteuk

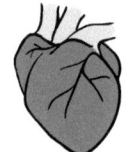

širdis

haté

raumuo

otot

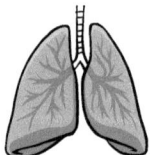

plaučiai

bayah

kepenys

ati

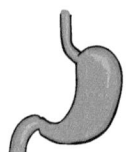

skrandis

lambung

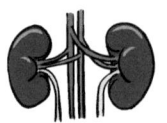

inkstai

ginjal

seksas

sapatemon

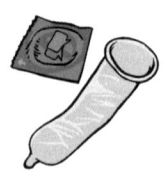

prezervatyvas

kondom

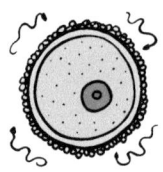

kiaušialąstė

sél telur

sperma

spérma

nėštumas

kakandungan

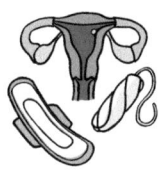

menstruacijos

haid

makštis

heunceut

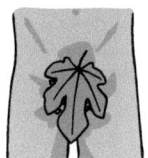

varpa

sirit

antakis

halis

plaukai

buuk

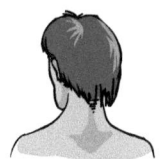

kaklas

beuheung

kūnas - awak

ligoninė
rumah sakit

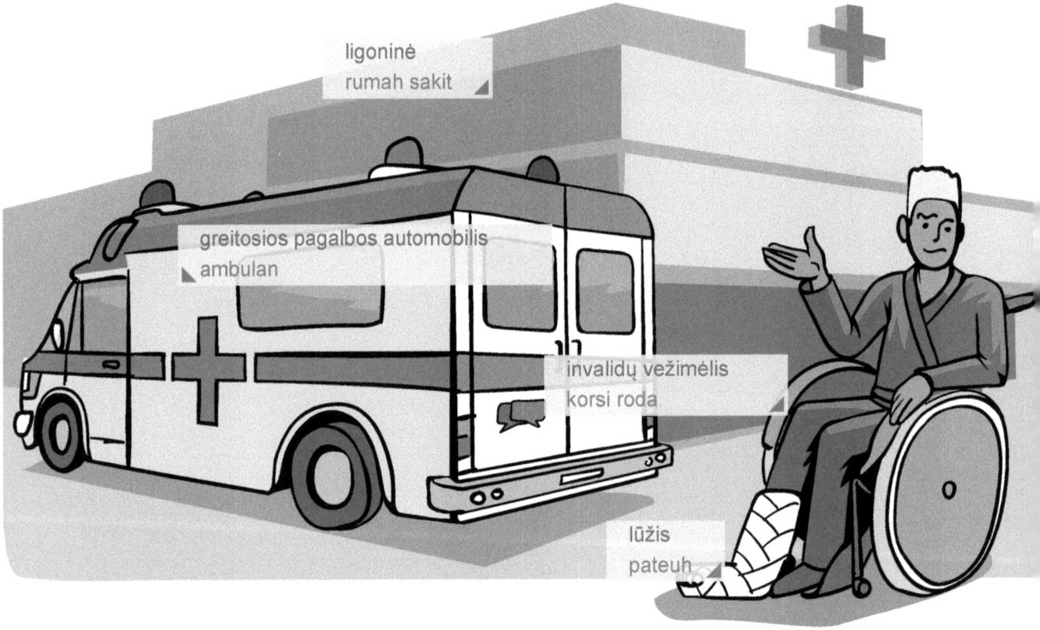

ligoninė
rumah sakit
greitosios pagalbos automobilis
ambulan
invalidų vežimėlis
korsi roda
lūžis
pateuh

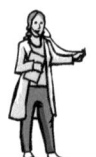

gydytojas
dokter

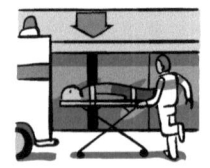

skubios pagalbos skyrius
rohang darurat

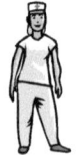

slaugytoja
parawat

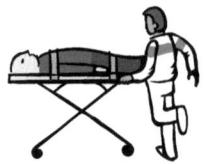

nelaimingas atsitikimas
darurat

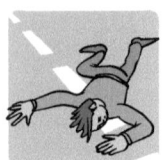

be sąmonės
pingsan

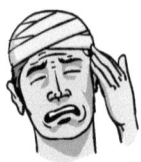

skausmas
nyeri

sužalojimas

tatu

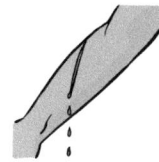

kraujavimas

ngaluarkeun getih

širdies smūgis

jantungan

insultas

strok

alergija

alérgi

kosulys

batuk

karščiavimas

muriang

gripas

salésma

viduriavimas

birit

galvos skausmas

rieut

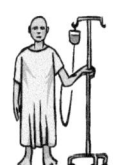

vėžys

kanker

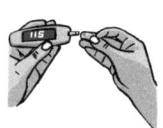

diabetas

diabétés

chirurgas

ahli bedah

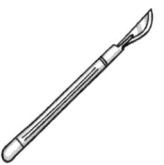

skalpelis

péso bedah

operacija

operasi

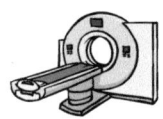

KT
CT

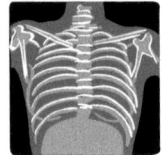

rentgenas
sinar x

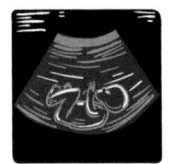

ultragarsas
usg

veido kaukė
topéng

liga
panyakit

laukiamasis
rohang tunggu

ramentas
pangrojong

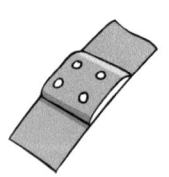

gipsas
paléstér

tvarstis
perban

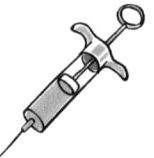

injekcija
injéksi

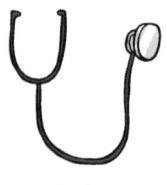

stetoskopas
stétoskop

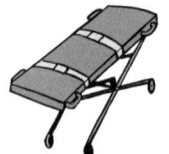

neštuvai
tandu

termometras
termométer klinis

gimimas
kalahiran

antsvoris
obésitas

klausos aparatas

alat bantu dédéngéan

dezinfekavimo priemonė

désinféktan

infekcija

inféksi

virusas

virus

ŽIV / AIDS

HIV / AIDS

vaistas

obat

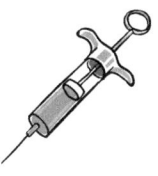

skiepijimas

vaksinasi

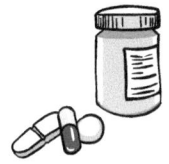

tabletės

tablét

piliulė

pil

skubios pagalbos numeris

panggilan darurat

kraujospūdžio matuoklis

ngukur ténsi

ligotas / sveikas

gering / séhat

Padėkite!

Tulung!

pavojaus signalas

alarem

užpuolimas

gangguan

ataka

narajang

pavojus

bahaya

avarinis išėjimas

panto darurat

Gaisras!

Seuneu!

gesintuvas

alat pemadam kabakaran

nelaimingas atsitikimas

kacilakaan

pirmosios pagalbos rinkinys

kotak P3K

SOS

SOS

policija

pulisi

Europa

Eropa

Šiaurės Amerika

Amérika Utara

Pietų Amerika

Amérika Selatan

Afrika

Afrika

Azija

Asia

Australija

Australi

Atlanto vandenynas

Atlantik

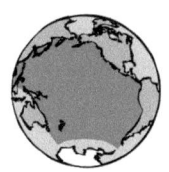

Ramusis vandenynas

Pasifik

Indijos vandenynas

Samudra Hindia

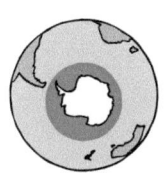

Pietų vandenynas

Samudra Antartika

Arkties vandenynas

Samudra Arktik

Šiaurės ašigalis

Kutub Utara

Pietų ašigalis

Kutub Selatan

Antarktida

Antartika

Žemė

Bumi

sausuma

tanah

jūra

laut

sala

pulau

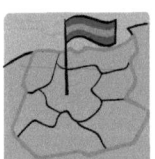

tauta

bangsa

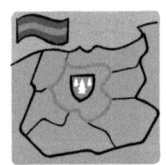

valstybė

nagara

ciferblatas

jam wajah

valandinė rodyklė

jarum péndék

minutinė rodyklė

jarum menit

sekundinė rodyklė

jarum detik

Kiek valandų?

Tabuh sabaraha?

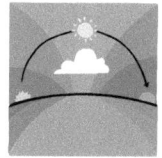

diena

poé

laikas

waktos

dabar

ayeuna

skaitmeninis laikrodis

jam digital

minutė

menit

valanda

jam

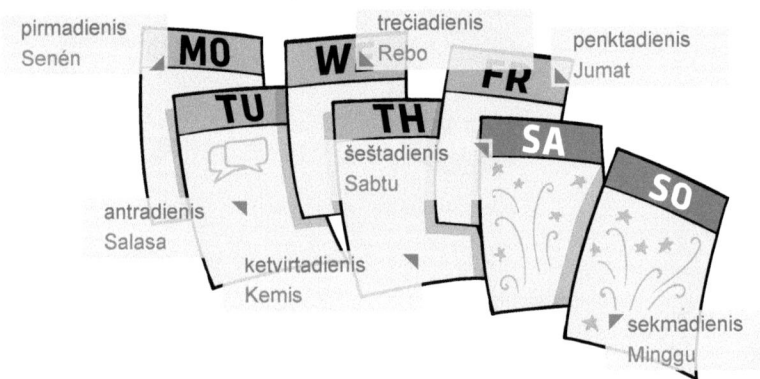

pirmadienis
Senén

trečiadienis
Rebo

penktadienis
Jumat

šeštadienis
Sabtu

antradienis
Salasa

ketvirtadienis
Kemis

sekmadienis
Minggu

vakar

kamari

šiandien

dinten ayeuna

rytoj

énjing

rytas

énjing-énjing / isuk-isuk

vidurdienis

siang

vakaras

peuting

MO	TU	WE	TH	FR	SA	SU
1	2	3	4	5	6	7
8	9	10	11	12	13	14
15	16	17	18	19	20	21
22	23	24	25	26	27	28
29	30	31	1	2	3	4

darbo dienos

poé gawé

MO	TU	WE	TH	FR	SA	SU
1	2	3	4	5	6	7
8	9	10	11	12	13	14
15	16	17	18	19	20	21
22	23	24	25	26	27	28
29	30	31	1	2	3	4

savaitgalis

akhir minggu

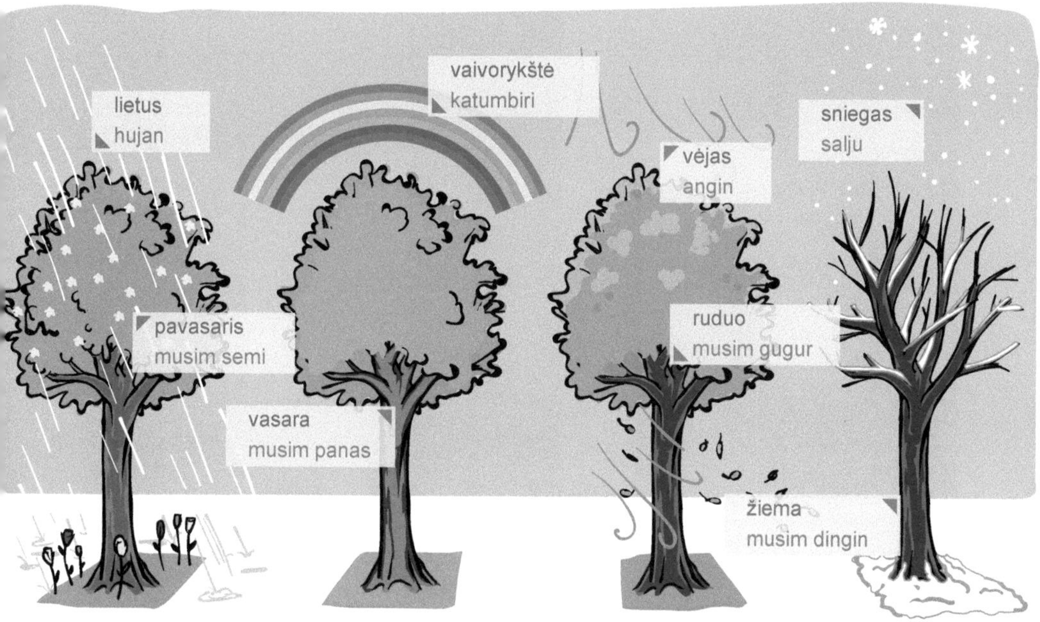

lietus
hujan
vaivorykštė
katumbiri
sniegas
salju
vėjas
angin
pavasaris
musim semi
ruduo
musim gugur
vasara
musim panas
žiema
musim dingin

4.APRIL 11°
5.APRIL 4°
6.APRIL 13°
7.APRIL 8°
8.APRIL 10°

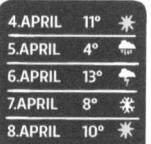

orų prognozė

ramalan cuaca

F C
120 40
90 30
60 20
30 10
0 0
-30 -10
-20

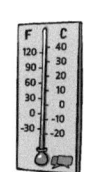

lauko termometras

térmométer

saulės šviesa

panon poé

debesis

awan

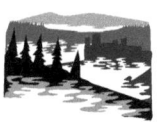

rūkas

pepedut

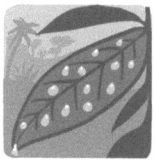

drėgmė

kelembaban

žaibas

gelap

griaustinis

guntur

audra

badai

kruša

hujan és

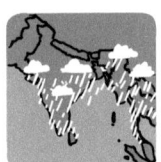

musonas

angin muson

potvynis

caah

ledas

és

sausis

Januari

vasaris

Pébruari

kovas

Maret

balandis

April

gegužė

Mei

birželis

Juni

liepa

Juli

rugpjūtis

Agustus

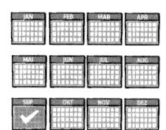

rugsėjis
....
Séptémber

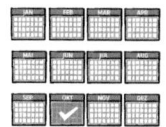

spalis
....
Oktober

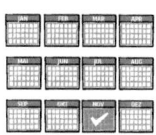

lapkritis
....
Nopémber

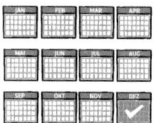

gruodis
....
Désémber

apskritimas
....
buleudan

kvadratas
....
persegi

stačiakampis
....
persegi panjang

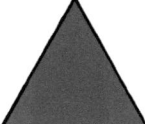

trikampis
....
segi tiga

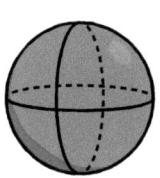

sfera
....
bola

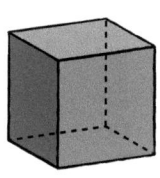

kubas
....
kubus

balta

bodas

geltona

konéng

oranžinė

oranyeu

rožinė

kayas

raudona

beureum

violetinė

bungur

mėlyna

bulao

žalia

héjo

ruda

coklat

pilka

abu-abu

juoda

hideung

daug / mažai

loba / saeutik

piktas / ramus

ambek / kalem

gražus / bjaurus

geulis / goreng

pradžia / pabaiga

ngamimitian / réngsé

didelis / mažas

gedé / leutik

šviesus / tamsus

caang / poék

brolis / sesuo

dulur lalaki / dulur awéwé

švarus / purvinas

bersih / kotor

užbaigtas / neužbaigtas

lengkep / teu lengkep

diena / naktis

poé / peuting

miręs / gyvas

paéh / hirup

platus / siauras

lega / heureut

valgomas / nevalgomas

bisa didahar / teu bisa didahar

piktas / malonus

jahat / bageur

linksmas / nuobodus

sumanget / bosen

storas / plonas

badag / begang

pirmiausia / paskiausia

kahiji / terakhir

draugas / priešas

baturan / musuh

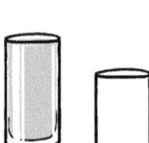

pilnas / tuščias

pinuh / kosong

kietas / minkštas

heuras / lemes

sunkus / lengvas

beurat / hampang

alkis / troškulys

kalaparan / haus

ligotas / sveikas

gering / séhat

nelegalus / legalus

ilegal / legal

protingas / kvailas

calakan / bodo

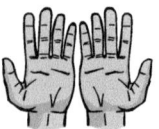

kairė / dešinė

kénca / katuhu

arti / toli

deukeut / jauh

naujas / naudotas

anyar / urut

niekas / kažkas

euweuh nanaon / aya nanaon

senas / jaunas

kolot / ngora

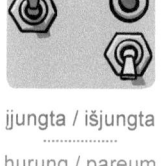

įjungta / išjungta

hurung / pareum

atidaryta / uždaryta

buka / tutup

tylus / garsus

jempé / gandéng

turtingas / vargšas

beunghar / sangsara

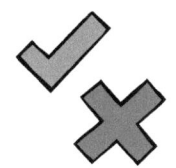

teisus / neteisus

bener / salah

šiurkštus / švelnus

kasar / lemes

liūdnas / laimingas

sedih / gumbira

trumpas / ilgas

pendék / panjang

létas / greitas

alon / gancang

drėgnas / sausas

baseuh / garing

šiltas / šaltas

haneut / tiis

karas / taika

perang / damai

0   nulis   nol

1   vienas   hiji

2   du   dua

3   trys   tilu

4   keturi   opat

5   penki   lima

6   šeši   genep

7   septyni   tujuh

8   aštuoni   dalapan

9   devyni   salapan

10   dešimt   sapuluh

11   vienuolika   sawelas

12

dvylika
duawelas

13

trylika
tiluwelah

14

keturiolika
opatwelas

15

penkiolika
limawelas

16

šešiolika
genepwelas

17

septyniolika
tujuhwelas

18

aštuoniolika
dalapanwelas

19

devyniolika
salapanwelas

20

dvidešimt
duapuluh

100

šimtas
saratus

1.000

tūkstantis
sarébu

1.000.000

milijonas
sajuta

anglų

Inggris

amerikiečių anglų

basa Inggris Amerika

kinų (mandarinų)

basa Cina Mandarin

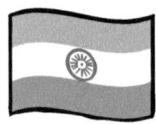

hindi

basa Hindi

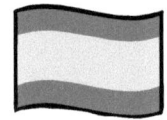

ispanų

basa Spanyol

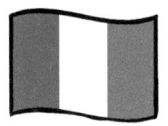

prancūzų

basa Perancis

arabų

basa Arab

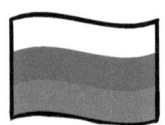

rusų

basa Rusia

portugalų

basa Portugis

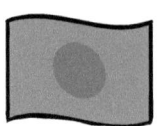

bengalų

basa Bengal

vokiečių

basa Jerman

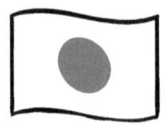

japonų

basa Jepang

aš

urang

tu

manéh

jis / ji

anjeunna / manéhna

mes

arurang

jūs

maranéh

jie

aranjeunna / maranéhna

kas?

saha?

ką?

naon?

kaip?

kumaha?

kur?

di mana?

kada?

iraha?

vardas

wasta / ngaran

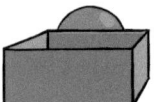

už
di tukang

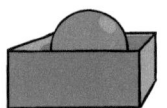

kur (vieta)
di

priešais
di hareup

virš
di luhureun

ant
di luhur

po
di handapeun

prie
di gigir

tarp
antawis

vieta
tempat